VERDAD ADVENTISTA

Una Apología Teológica

JOSÉ RAMÓN DEL VALLE RODRÍGUEZ

VERDAD ADVENTISTA

Una Apología Teológica

Por:
José Ramón Del Valle Rodríguez

Verdad Adventista

Una Apología Teológica

José Ramón Del Valle Rodríguez

kindle direct publishing

Copyright: TX 9-454-018

Todos los derechos reservados

Verdad Adventista: Una Apología Teológica

Library of Congress Control Number: 2024926456

ISBN: 979-8-9920583-7-6

Sello: JOSE RAMON DEL VALLE RODRIGUEZ
Foto del autor: Luis Jaen
Diseño de la portada: José Del Valle
Impreso en los Estados Unidos de América

CONTENIDO

PRÓLOGO

En un mundo marcado por la diversidad de creencias y el surgimiento de innumerables corrientes de pensamiento, la necesidad de claridad y fundamento en la fe se vuelve más apremiante que nunca. "Verdad Adventista: Una Apología Teológica" surge como una respuesta valiente y necesaria, uniendo las profundas reflexiones teológicas de José Ramón Del Valle Rodríguez con un llamado apasionado a comprender y defender las bases doctrinales del adventismo. Esta obra no es únicamente un análisis doctrinal; es una invitación a explorar las verdades que dan forma a la identidad adventista y a fortalecer la fe mediante el conocimiento y la razón. Con un enfoque integrador, el autor no solo responde a las preguntas que a menudo desafían la creencia, sino que también construye puentes entre la teología, la espiritualidad y la vida cotidiana.

Más allá de ser un tratado teológico, "Verdad Adventista" es un testimonio de la restauración integral que el autor promueve en su misión: integrar las dimensiones espiritual, relacional y ecológica en una fe práctica y transformadora.

Este libro busca inspirar a los lectores a defender su fe con humildad, pero con la firmeza que solo proviene de la verdad. Al abrir estas páginas, prepárate para emprender un viaje intelectual y espiritual que enriquecerá tu entendimiento de la fe adventista y te equipará para sostenerla con convicción en cualquier ámbito de la vida.

Y ahora, sin más preámbulos, ni rodeos; voy directo a la yugular...

DISCERNIMIENTO ESPIRITUAL

C on el Espíritu Santo de tu lado, podrás discernir el bien y el mal, lo falso y lo verdadero. Leamos sobre el Edificador Sabio en Apocalipsis 21:19:

"Y si alguien edifica sobre este fundamento oro, plata, piedras preciosas".

Esto significa que pone sobre este fundamento aquello que es congruente con lo preciso de su carácter. Tiene cuidado acerca de su doctrina, para que aquello que enseña en el Nombre de Dios esté en armonía con Su palabra. También tiene cuidado acerca de su forma de vivir.

En 2 Pedro 1:5-7 se nos pone a disposición toda una carga de material apropiado para un constructor sabio.

En contraste, el Edificador Insensato emplea "madera, heno, paja".

El constructor insensato es sabio en su propia opinión. Cree que mientras uno crea en el fundamento, no importa mucho lo que edifique encima. Por ello, se hace fácil la falsa enseñanza y las vanas filosofías de los orgullosos de corazón se vuelven atrayentes. Es descuidado e indiferente en la práctica; su fe en Cristo no ha conllevado cambio alguno en su vida y manera de ver las cosas. Sigue creyendo que es bueno edificar con madera, heno y paja. Estos materiales pueden ser útiles en algunos contextos; por ejemplo, los indígenas hacían bohíos, y en ese tiempo fue una ingeniería maestra para resistir huracanes.

Pero son, según Colosenses 2:8,

"la tradición de los hombres, conforme a los principios elementales del mundo, y no según Cristo".

Vayamos al Evangelio de Juan 16:13-15:

"Pero cuando venga el Espíritu de verdad, él os guiará a toda la verdad, porque no hablará por su propia cuenta, sino que hablará todo lo que oiga y os hará saber las cosas que habrán de venir. Él me glorificará, porque tomará de lo mío y os lo hará saber. Todo lo que tiene el Padre es mío; por eso dije que tomará de lo mío y os lo hará saber".

Y ahora vamos a dilucidar algunas verdades que aceptamos cuando el Espíritu Santo nos guía con sus instrucciones de amor. Me referiré en esta ocasión a los Adventistas del Séptimo Día, a los que unos pocos llaman despectivamente "secta". Hago mías las palabras del apóstol en Hechos 24:14:

> "Esto empero te confieso, que conforme a aquel Camino que llaman herejía (griego 'secta'), así sirvo al Dios de mis padres, creyendo todas las cosas que en la ley y los profetas están escritas".

Haré referencia al Movimiento e Iglesia Cristiana Adventista del Séptimo Día porque, por razones obvias, pertenezco a esta denominación a la que unos pocos llaman despectivamente "secta", y no es verdad.

VERDADES ADVENTISTAS

Podrán decir muchas cosas sobre lo que creen que es la Iglesia Adventista y su co-fundadora Elena G. de White. Sin embargo, es evidente que no conocen la doctrina de la iglesia y mucho menos los escritos de la señora White. Sería más favorable si buscaran a un creyente leal del adventismo que pueda describir con lujo de detalles lo que realmente creemos, en lugar de dejarse llevar por fuentes no oficiales.

A menudo, se relatan cosas equivocadas sobre los Adventistas. Incluso han descrito a William Miller como "un oscuro granjero" y "un inculto". ¿Ignoran que Dios escoge, la mayoría de las veces, a personas sin educación formal para destacar sus verdades? Como dice 1 Corintios 1:25-29:

"25 porque lo insensato de Dios es más sabio que los hombres, y lo débil de Dios es más fuerte que los hombres. 26 Considerad, pues, hermanos, vuestra vocación y ved que no hay muchos sabios según la carne, ni muchos poderosos, ni muchos nobles; 27 sino que lo necio del mundo escogió Dios para avergonzar a los sabios; y lo débil del mundo escogió Dios para avergonzar a lo fuerte; 28 y lo vil del mundo y lo menospreciado escogió Dios, y lo que no es, para deshacer lo que es, 29 a fin de que nadie se jacte en su presencia."

Es posible que hayan leído estos textos alguna vez, pero a veces se olvidan. Es cierto que Miller no tenía preparación formal en teología y era un agricultor deísta, pero se enfrentó con la verdad de Cristo y su Palabra, y su vida cambió. Su estudio de la Biblia lo convenció de que el retorno del Salvador estaba cerca. Aunque hay cristianos que exageran con el fin del mundo y son alarmistas, Miller fue sincero y quiso compartir con otros lo que él creía que era un gran descubrimiento.

EL FIN CERCANO

En cuanto a que "el fin está cerca", es importante repasar los escritos evangélicos y las epístolas apostólicas para ver que esa sensación ha estado presente en todos los creyentes a lo largo de la historia. Cada día que pasa nos acerca más a ese glorioso evento.

Leamos 2 Pedro 3:3-12:

> "3 Sabed ante todo que en los últimos días vendrán burladores, andando según sus propias pasiones 4 y diciendo: «¿Dónde está

la promesa de su advenimiento? Porque desde el día en que los padres durmieron, todas las cosas permanecen así como desde el principio de la creación.» 5 Estos ignoran voluntariamente que en el tiempo antiguo fueron hechos por la palabra de Dios los cielos y también la tierra, que proviene del agua y por el agua subsiste, 6 por lo cual el mundo de entonces pereció anegado en agua. 7 Pero los cielos y la tierra que existen ahora están reservados por la misma palabra, guardados para el fuego en el día del juicio y de la perdición de los hombres impíos. 8 Pero, amados, no ignoréis que, para el Señor, un día es como mil años y mil años como un día. 9 El Señor no retarda su promesa, según algunos la tienen por tardanza, sino que es paciente para con nosotros, no queriendo que ninguno perezca, sino que todos procedan al arrepentimiento. 10 Pero el día del Señor vendrá como ladrón en la noche. Entonces los cielos pasarán con gran estruendo, los elementos ardiendo serán deshechos y la tierra y las obras que en ella hay serán quemadas. 11 Puesto que todas estas cosas han de ser deshechas, ¡cómo no debéis vosotros andar en santa y piadosa manera de vivir, 12 esperando y apresurándoos para la venida del día de Dios, en el cual los cielos, encendiéndose, serán deshechos, y los elementos, siendo quemados, se fundirán."

Decir que Miller no tenía base bíblica para enseñar que los días en profecía representan años es desconocer la Palabra de Dios. En Números 14:34 y Ezequiel 4:6, el Señor indica que da "día por año". Ustedes lo saben muy bien. Así se interpretan las setenta semanas de Daniel 9. Si no fuera así, ¿cómo sería posible que "el Mesías Príncipe" muriera durante la última semana? El profeta escribió unos 500 años antes de Cristo. No importa dónde ubiquen el comienzo de las 70 semanas, es obvio que no pueden referirse a días literales. Para Daniel 9, ellos indican que son días por años. ¿No tiene el mismo derecho Miller y los adventistas a hacer lo mismo con Daniel 8?

Es verdad que Miller se equivocó al señalar que el evento indicado en Daniel 8:14 era la segunda venida de Cristo. Pero deberían decir lo que Miller creía al respecto. Él pensaba que el santuario, en la era cristiana, era la Tierra y que su purificación se asociaba con la venida en gloria de Cristo. Si él podía determinar cuándo comenzaban los 2,300 días (años), podía señalar la fecha del advenimiento del Salvador. Si hubiera entendido la expresión bíblica de Daniel 7:13, habría notado que la aparición del "Hijo del hombre" no era su venida a la tierra, sino su presentación ante "el Anciano de grande edad" para el juicio pre-advenimiento, como lo visualizó Hiram Edson y un grupo de los mileristas después del chasco de 1844.

INTERPRETACIÓN PROFÉTICA CORRECTA

Otra cosa; el cuerno pequeño que creció en Daniel 8, algunos lo aplican a Antíoco Epífanes, y esa es una interpretación generalizada entre católicos y protestantes. Lo que no han visualizado es que la profecía de Daniel llama a ese cuerno "la abominación del asolamiento", y Jesús menciona en Mateo 24:15 a ese poder como algo futuro. Esto echa por tierra todo el andamiaje profético que esas personas han construido. No quieren reconocer que esa "abominación del asolamiento" es Roma en sus estados de pagana y papal. No lo reconocen porque son los más acérrimos defensores de las falsedades de Roma, como el domingo y la inmortalidad del alma, que son los errores capitales del romanismo. Pero el sábado y la inmortalidad condicional son la realidad.

Es verdad que Antíoco Epífanes fue cruel con los judíos y profanó el templo, tal como hicieron los emperadores romanos. Pero la profecía tiene un alcance mucho más amplio. Las fechas que algunos dan son acomodaticias, y ellos lo saben. ¿Cómo se atreven a escoger el comienzo de la fecha de los 2,300 días con el advenimiento al poder de Antíoco Epífanes? Eso no tiene fundamento ni histórico ni profético. En Daniel 8, en ningún lugar se menciona el punto de partida. En el verso 26, el ángel se limita a decir que esa profecía "es verdadera", que el profeta guardará la visión y que era "para muchos días".

El último verso dice:

> "27 »Yo, Daniel, quedé quebrantado, y estuve enfermo algunos días. Cuando me levanté, atendí los negocios del rey; pero estaba espantado a causa de la visión, y no la entendía.»"

Ahí el texto pone a Daniel enfermo y preocupado por "la visión" y él confiesa que

"no había quien la entendiese".

Obviamente, tenemos que recurrir al siguiente capítulo, donde, luego de la oración del profeta, el ángel aparece de nuevo con la respuesta de la visión.

Vamos a Daniel 9:22, donde el ángel le dice:

"22 Me hizo entender, y habló conmigo diciendo: "Daniel, ahora he salido para darte sabiduría y entendimiento. 23 Al principio de tus ruegos fue dada la orden, y yo he venido para enseñártela, porque tú eres muy amado. Entiende, pues, la orden, y entiende la visión.""

Cuando dice: "Ahora he salido para hacerte entender la declaración", ¿a qué declaración se refiere? Obviamente, a la visión de las "tardes y las mañanas". En Daniel 8, el verso 25 da el punto de partida: "la salida de la palabra para restaurar y edificar a Jerusalén".

Esa es la fecha, no otra. No se refiere para nada a Antíoco Epífanes, sino a los reyes de Media y Persia, que fueron los que dieron sendos decretos para la obra de restauración.

EXACTITUD PROFÉTICA

Cuando dicen que "todas las profecías de Dios se cumplen con una exactitud matemática", ¡magnífico! Lo creo firmemente. Miller cambió la fecha en 1843, pero la fecha final de octubre de 1844 fue puesta por Samuel S. Snow. Miller estuvo de acuerdo y con él todo su movimiento. Todos esperaban que a la medianoche del 22 de octubre ocurriera el esperado evento, lo cual, naturalmente, no sucedió.

Es posible que algunos mileristas

se hayan vestido de túnicas blancas o de "mantos de ascensión", pero no podemos achacar esto a todos. Los creyentes mileristas se encargaron de desmentir eso.

Muchos se equivocan, por no conocer la doctrina adventista, al decir que nosotros enseñamos que Cristo no realizó una obra completa en la cruz. Lo que ellos no pueden entender, por la venda que está ante sus ojos, es que la obra de Cristo, su muerte y su ministerio, cumplen a cabalidad las leyes de sacrificios y ministerio sacerdotal del antiguo pacto. Deben leer las leyes levíticas que hablan de los sacrificios, especialmente lo referente al sacrificio anual en el día de las expiaciones, registrado en Levítico 16. Lo que le tomaba al sumo sacerdote un año, Cristo lo está realizando todavía, al constituirse en sacerdote del santuario celestial. Les invito a que saquen un tiempo y lean los capítulos 8 al 10 de Hebreos.

Les pregunto, ¿qué pasaba con el hebreo que ya había realizado sus sacrificios diarios en el atrio del santuario si moría antes del día de las expiaciones? Obviamente ya estaba perdonado, pero la sangre había sido asperjada en el santuario y este estaba contaminado. Esa es la razón por la cual esa fiesta era la única en que se requería aflicción. Y para eso, les asigno que lean cuidadosamente Levítico 23:23-32. El grave problema es que el prejuicio hacia el mal llamado Antiguo Testamento les hace no estudiarlo, y si lo hacen, es superficialmente.

Lo que nosotros enseñamos es que nuestros pecados, aunque son perdonados, contaminan el santuario celestial. Y no me digan que las cosas celestiales no se tienen que purificar, pues así lo aclara Hebreos 9:23:

"23 Fue, pues, necesario que las figuras de las cosas celestiales fueran purificadas así; pero las cosas celestiales mismas, con mejores sacrificios que estos, 24 porque no entró Cristo en el santuario hecho por los hombres, figura del verdadero, sino en el cielo mismo, para presentarse ahora por nosotros ante Dios."

Nuestros nombres están escritos en el libro de la vida, ahí puede estar todo el mundo, pero eso no es garantía.

Apocalipsis 3:5 dice:

"5 El vencedor será vestido de vestiduras blancas, y no borraré su nombre del libro de la vida, y confesaré su nombre delante de mi Padre y delante de sus ángeles."

Ahí se implica que esos nombres escritos pueden ser borrados, está hablando al vencedor. ¿Y los otros? Si no somos vencedores, si nuestra vida posterior a nuestra conversión no ha sido de acuerdo a la profesión de nuestra fe, entonces, una vez pasado nuestro nombre del libro celestial, quedaremos excluidos de la salvación. Solo los que queden escritos en el libro de la vida serán liberados en el gran tiempo de angustia, descrito en Daniel 12:1. Léalo, por favor:

> "»En aquel tiempo se levantará Miguel, el gran príncipe que está de parte de los hijos de tu pueblo. »Será tiempo de angustia, cual nunca fue desde que hubo gente hasta entonces; pero en aquel tiempo será libertado tu pueblo, todos los que se hallen inscritos en el libro."

PROFECÍA EXACTA

L a interpretación que algunos dan de la profecía de los 2,300 días es infame. Dicen que eso no es importante. Pero pregunto: ¿acaso Dios estaba jugando a los numeritos cuando nos dio esta profecía y otras de tiempo que están en Daniel y Apocalipsis? Sé que ellos niegan la conexión entre Daniel 8 y 9. Así interpretan los 2,300 días separados de las 70 semanas (490 días). Pero un estudio sencillo de Daniel 8:26 y 9:20-23 nos lleva de manera clara a la conclusión de que las dos profecías se relacionan y comienzan en la misma fecha "la salida de la palabra para restaurar y reedificar a Jerusalén" de Daniel 9:25.

Aunque hubo dos decretos, los de Ciro y Darío, el de Artajerjes del 457 a.C. es el que no solo indicaba la edificación de los muros, la ciudad y el templo, sino la restauración de los cultos y un gobierno autónomo en Jerusalén y Judea. Usted puede ver el decreto en Esdras 7:12-26.

Los adventistas no decimos que Cristo no tuvo acceso al lugar santísimo del santuario celestial hasta 1844. Más bien, decimos que Jesús se sentó "a la diestra de Dios" luego de su ascensión, pero que su obra sacerdotal hasta 1844 se limitó a lo que equivale al lugar santo. Juan lo vio entre los 7 candeleros en Apocalipsis 1:12-13. En el capítulo 11 de Apocalipsis, luego de presentar el juicio de los muertos en el verso 18, Juan ve en el verso 19 que el templo se abre y puede verse el área del testamento de Dios, una obvia referencia al fin del juicio que comenzó con los muertos en 1844 y que pronto continuará con los vivos. Finalizado el juicio, y ya limpiado el libro de la vida, vendrá el tiempo de angustia sobre la tierra, las 7 plagas postreras, al fin de las cuales, Cristo regresará a la tierra por los suyos.

Algunas personas también citan mal y fuera de contexto a Elena White. Por ejemplo, una página del libro en inglés "Primeros Escritos". Ellos han dicho que indica que ella

"vio a Satanás sentado en el trono en la Nueva Jerusalén".

Para su bien espiritual, y para aquellos que han creído esa mentira, aquí les presento la cita verdadera. "Primeros Escritos", páginas 55-56:

"Me di vuelta para mirar la compañía que seguía postrada delante del trono y no sabía que Jesús la había dejado. Satanás parecía estar al lado del trono, procurando llevar adelante la obra de Dios. Vi a la compañía alzar las miradas hacia el trono y orar: 'Padre, danos tu Espíritu.' Satanás soplaba entonces sobre ella una influencia impía; en ella había luz y mucho poder, pero nada de dulce amor, gozo y paz. El objeto de Satanás era mantenerla engañada, arrastrarla hacia atrás y seducir a los hijos de Dios."

Algunos también dicen que los adventistas siguieron poniendo fechas. Cuando dicen "adventistas", maliciosamente no explican que se refieren a algunos de los seguidores de Miller, quienes pusieron las fechas de 1854 y 1873. Luego del chasco milerita de 1844, se fundaron varias sectas, algunas insistiendo en poner otras fechas. Lo que hoy conocemos como la Iglesia Adventista del Séptimo Día, aunque su núcleo fue compuesto por mileritas, se organizó en 1860, cuando celebraron su primer concilio general. Le tomó a este grupo 16 años, luego del chasco, forjar una denominación seria con la comisión de llevar el mensaje final de Dios a todo el mundo.

Pregunta: ¿La Mayor Profetiza del Mundo?

Los adventistas jamás hemos llamado así a la hermana White. Ella misma dijo que sus escritos eran "la luz menor" y a la Biblia llamó "la luz mayor". Nosotros predicamos a Cristo y su Palabra. Consultamos los libros de ella, pero siempre subordinados a la Biblia. Por alrededor de 30 años o más, he estado leyendo los libros de ella y jamás he encontrado algo que contradiga la Biblia. Así como ellos leen a Lutero, Calvino, Billy Graham y otros magníficos escritores evangélicos, nosotros también leemos los escritos de Elena White. Ellos no han leído libro alguno de Elena White, ¿cómo se atreven a juzgarlos? ¡Oh, si leyeran solamente algunos!

Dicen que ella pretendió abarcar varios campos. Y así es, lo que pasa es que a muchos que tienen doctorados en teología y otras materias les duele que una mujer sin escuela les enseñe. Eso es orgullo vano. Amós y Pedro eran humildes obreros, pero instrumentos poderosos en las manos de Dios. El libro "La Educación" se encuentra en muchas bibliotecas y ha servido a muchos para elaborar teorías de educación. "El Ministerio de Curación" es maravilloso. "El Deseado de todas las Gentes" es considerado por la Biblioteca del Congreso en Washington,

Estados Unidos, como la mejor obra sobre la vida de Cristo. "El Conflicto de los Siglos" contiene profecías tan asombrosas, que muchos dudan que tenga más de cien años de escrito. ¿Y qué más diré? Ahí están "Palabras de Vida del Gran Maestro", "El Sermón del Monte", "Testimonios para los Ministros", "El Ministerio de la Bondad", "Conducción del Niño", "Mensajes para los Jóvenes", "Obreros evangélicos" y varias docenas más. No han leído ni uno de ellos. ¡Y se atreven a juzgarlos! Lea por lo menos uno y cambiarán de parecer respecto a Elena G. de White.

Sus detractores indican que estaba loca, que estaba siendo dirigida por espíritus diabólicos, que era una histérica, etc. Pero sus escritos hablan elocuentemente de ella. Fue una digna profetiza. Algunos insinúan que Elena copió su primera visión de Hazen Foss y de William Foy. ¿No sería que los tres tuvieron la misma visión y que, como los dos hombres, capaces y de experiencia, no quisieron compartirla, Dios usó a una jovencita, enferma y sin escuela para que llevara a cabo su voluntad?

El chasco milerita estaba profetizado. La experiencia de Miller y su gente fue similar a la que tuvo Juan en el capítulo 10 de Apocalipsis. La experiencia de comer el libro, es decir, las profecías de Daniel, fue dulce en la boca (la expectativa del segundo advenimiento de Cristo), pero amarga en el vientre (el gran chasco). Pero luego de esa amarga experiencia, la voz celestial ordena en Apocalipsis 10:11:

> "Él me dijo: «Es necesario que profetices otra vez sobre muchos pueblos, naciones, lenguas y reyes.»"

¿Y qué habrían de predicar aquellos

chasqueados luego de 1844? El primer verso del capítulo 11 lo declara. Apocalipsis 11:1:

> "Entonces me fue dada una caña semejante a una vara de medir y se me dijo: «Levántate y mide el templo de Dios y el altar y a los que adoran en él.»"

MEDICIÓN ESPIRITUAL

Mide el templo y el altar", es decir, mi estudio concienzudo del santuario y sus servicios en relación con el sacrificio y ministerio sacerdotal de Cristo, y a los que adoran en él. De acuerdo con el texto que acabamos de leer, los adoradores se miden con la norma de la ley de Dios, los diez mandamientos. Es por eso que la Iglesia Adventista predica la ley de Dios, incluyendo el sábado del cuarto mandamiento y el santuario. La orden vino de Dios y solo hacemos su voluntad con la dirección del Espíritu Santo.

Algunos han indicado que la señora White dice que solo 144,000 serían salvos. Es posible que en su tiempo no hubiera tantos creyentes del advenimiento del Señor, pero ella dice muchas veces en sus escritos que en todas las denominaciones hay personas sinceras y cristianas que se han de salvar. Nunca hemos sido exclusivistas. Ella misma ha profetizado un inmenso reavivamiento en la iglesia en lo que la Biblia denomina "El Fuerte Clamor" de Apocalipsis 18, cuando millones se convertirán al Remanente.

A su muerte en 1915, la obra ya estaba firmemente establecida en los Estados Unidos, Europa, Australia y había comenzado en otros países. Hoy sabemos que el número 144,000 es simbólico y representa a todos los salvados que estén vivos en ocasión de la segunda venida de Cristo.

Pero ellos mienten de nuevo cuando dicen que la visión del 5 de enero de 1849 contradice la anterior. No hay contradicción. Aun en escritos de mucho más tarde, ella indica lo que los capítulos 7 y 14 de Apocalipsis claramente afirman: los 144,000 son los que han de estar con Cristo en la parte final del conflicto, pero su número, así como su procedencia, son simbólicos.

Algunos fanáticos, en su afán por encontrar faltas en los escritos de la señora White, mencionan lo de la visión de los planetas. Cuando ella asevera en muchos de sus escritos que hay vida en otros planetas, no se refiere necesariamente a nuestro sistema solar. Ella en ningún lugar le da nombre a los planetas en los cuales vio a ciertos personajes de la Biblia. Dicen por ahí que ella menciona a Júpiter, Saturno y

Urano. ¡Qué extraño! He leído tantos libros de la señora White y jamás he visto eso.

Acabo de leer el pasaje en "Primeros Escritos" y no menciona el nombre de ningún planeta. Ellos se han dejado llevar por alguien que ha escrito esa barrabasada y, no solo la han creído, sino que la han copiado y van repitiendo como el papagayo. Elena no menciona a ningún planeta por nombre. La otra cita de la misma página no es de ella. ¿Y por qué se escandalizan de que ella haya dicho que vio algunas lunas, suponiendo que fue en Júpiter o Saturno? ¿Es que acaso todas las lunas se ven al mismo tiempo? Lo que pasa es que el que quiere criticar siempre encuentra faltas.

En cuanto a la constelación de Orión, es verdad que ella la menciona varias veces en sus escritos como el lugar donde se encuentra el trono de Dios y la Nueva Jerusalén. Los científicos reconocen la nebulosa de Orión como "el espectáculo más hermoso del cielo".

¿Qué tiene de particular que ella diga que ahí está la santa ciudad? Si usted no lo quiere creer, pues no lo crea, pero no diga así porque sí que es falso. El futuro lo dirá. De todos modos, eso no es materia de doctrina ni de salvación.

SALUD ADVENTISTA

En cuanto a la salud, lo que la hermana White ha dicho hoy es corroborado por la ciencia de la nutrición. Desde hace muchos años, y por la influencia de sus consejos, los adventistas son más saludables que cualquier otro grupo en los Estados Unidos. Busque los estudios de los doctores Frank R. Lemon y Richard T. Walden sobre las muertes entre adventistas de California en comparación con las muertes en el resto de la población.

El estudio revela que, no solo en cuanto al cáncer, sino en la mayoría de otras causas de muerte, las incidencias entre los adventistas eran dramáticamente más bajas. Loma Linda realizó otro estudio similar. Solo vea lo populares que se han hecho en todo el mundo los restaurantes vegetarianos. Hasta los restaurantes de comida rápida han insertado comida a base de plantas en sus menús.

El hecho de que Hitler fuera vegetariano y asesino no desmerece la dieta vegetariana. También hay muchos que comen carne que son grandes hombres, así como otros que son grandes criminales. No cabe duda alguna de los beneficios de las plantas. Elena White estaba acostumbrada a comer carne y pensaba que si no había carne en su mesa, la comida no servía.

Le costó trabajo adaptarse a una dieta más sencilla. Le indicó a su cocinero que no sirviera más carne en su mesa. Después de rechazar varias comidas, al fin decidió comerlas. Pero le costó adaptarse.

La forma en que algunas personas interpretan los textos de Marcos 7:18-19, 1 Corintios 10:25-26, Colosenses 2:16-23 y 1 Timoteo 4:1-5 es irreverente y blasfema cuando ponen a Cristo y a Pablo contradiciendo abiertamente lo que Dios tan claramente ha establecido en su Palabra. Ahora resulta que nosotros, que estamos viviendo bajo la gracia, no solo tenemos licencia para quebrantar la ley de Dios, sino que podemos comer puerco y otros animales que Dios prohíbe. ¿Pero qué dios adora esa gente? Porque el mío es el de la Biblia.

Mire lo que dice Santiago 1:17:

"Toda buena dádiva y todo don perfecto desciende de lo alto, del Padre de las luces, en el cual no hay mudanza ni sombra de variación."

En el Dios mío "no hay mudanza ni sombra de variación". Amigos, Dios no puede contradecirse. Lo que Él declare impuro, sigue siendo impuro. Lean de nuevo los textos e interprétenlos de acuerdo a la revelación y no conforme a conceptos humanos.

Hasta han llegado al colmo de decir que Elena White tenía el "derecho a llevar la contraria precisamente al mismo Jesucristo". Y tocan precisamente el asunto del sábado. ¿Sabían ustedes que la doctrina del sábado entró al adventismo gracias a una mujer Bautista del Séptimo Día, llamada Raquel Oakes? ¿Sabían ustedes que quien convenció a los White sobre el sábado fue José Bates en 1846? Elena

White no se inventó la doctrina del sábado. Esa la heredamos de miles de cristianos a través de los años. Muchos hasta dieron sus vidas por aferrarse al santo mandamiento. ¡Qué poco saben ellos de la historia del cristianismo!

Lo que ellos entienden que Pablo dice en Colosenses 2:13-14 es de verdad increíble. ¿Cómo es posible que el apóstol diga la barbaridad de que todos los mandamientos de la ley fueron clavados en la cruz? Cierto que todo lo referente a ritos fue abolido, pero no los mandamientos morales del Decálogo. Bien dijo Jesús en Mateo 5:18:

> "Hasta que perezca el cielo y la tierra, ni una jota ni un tilde perecerá de la ley, hasta que todas las cosas sean hechas".

El mismo Pablo dice en Romanos 2:13 que

"los hacedores de la ley serán justificados".

También fue Pablo quien dijo en 1 Corintios 7:19:

"La circuncisión nada es, y la incircuncisión nada es; sino la observancia de los mandamientos de Dios".

LEY Y FE

En Romanos 3:31, Pablo pregunta:

"¿Luego, deshacemos la ley por la fe? No, antes establecemos la ley".

Estos textos, y muchos otros, han sido leídos, pero los conceptos erróneos del cristianismo moderno los han cegado. La Iglesia Adventista enseña que el hombre, por su capacidad inherente, no puede observar la ley de Dios. Sin embargo, el Espíritu Santo, obrando en el corazón del creyente, lo capacita para guardar los preceptos divinos. Este es el Evangelio completo: perdón de los pecados pasados y gracia abundante para vivir la vida que Dios desea para sus hijos, una vida caracterizada por la obediencia y sujeta a la justicia de Cristo. El evangelio que predican hoy muchas iglesias evangélicas es incompleto.

Los predicadores no se cansan de censurar el pecado, pero luego afirman con desfachatez que la ley está abolida. ¡Qué interesante!

En 1 Juan 3:4 encontramos la única definición de "pecado" en la Biblia: "Transgresión de la ley".

Por lo tanto, hablar contra el pecado es hablar de la obediencia a la ley. Esto es elemental.

Además de afirmar la abolición de los mandamientos de Dios, critican que Elena White mencionara haber estado en visión en el lugar santísimo. Ellos lo niegan, pero, ¿no tuvieron ese privilegio Isaías y Juan? ¿Por qué no Elena White? No tienen que creerlo, pero tampoco deberían contradecirlo. Si ella mintió, ya dará cuentas de ello, ¡pero no digan que es imposible! La verdad es que ella dice haber oído la voz de Dios mencionando el día y la hora de la venida del Señor. Esto ocurrirá durante el tiempo de angustia, cuando la iglesia esté aguardando la venida de Cristo, siendo perseguida por los impíos. En ese momento, faltará muy poco para este evento y la iglesia no podrá anunciarlo al mundo. Esto es parte de la liberación del pueblo de Dios.

Otro disparate que han dicho es que "guardar el sábado sería, a partir de ahora, la marca de la bestia del Apocalipsis".

Deberían decir "el sello de Dios", pues la marca de la bestia, según lo entendemos a la luz de Apocalipsis 13, es la observancia del domingo pagano, impuesta por Roma y seguida por los protestantes. No aceptan que la bestia apocalíptica es el papado. Es posible que se hagan eco de las interpretaciones populares que dicen que la bestia es un personaje que aparecerá en Europa durante la gran tribulación. Esa interpretación carece de fundamento profético. Las bestias en Daniel y Apocalipsis siempre representan estados políticos, nunca individuos. Las cabezas y los cuernos pueden ser tanto reyes como reinos.

La manera en que el papado cumple todos y cada uno de los detalles de las profecías del cuerno de Daniel 7 y la bestia de Apocalipsis 13 es realmente asombrosa. ¡Ojalá leyeran el libro "El Conflicto de los Siglos"! ¡Qué fácilmente se les abriría el entendimiento!

El hecho de que "el ángel

acompañante" de Elena White le haya comunicado que "el tiempo está casi terminado" y que "las siete plagas iban a ser derramadas pronto" no es motivo de burla ni de decir que son "contrarias a la Biblia". No lo son.

Cristo dijo:

> "Aún un poquito y el que ha de venir vendrá y no tardará".

Juan dijo:

> "Ya es el último tiempo".

Y en Apocalipsis, Cristo dice:

> "Vengo en breve".

Esa noción de la cercanía del fin de todas las cosas estuvo latente en todos los escritores de la Biblia. Elena White no es una excepción, aunque ella no es parte de la Biblia.

A quienes dicen que los adventistas

insisten en que el sábado es un memorial de la creación, les digo: no son los adventistas, sino el mismo Dios.

En Éxodo 31:16-17 leemos:

> "Guardarán, pues, el sábado los hijos de Israel, celebrándolo a lo largo de sus generaciones como un pacto perpetuo. Para siempre será una señal entre mí y los hijos de Israel, porque en seis días hizo Jehová los cielos y la tierra, y en el séptimo día cesó y descansó".

LAS FIESTAS DE YWHW

Debido a que algunos enseñan que es necesario observar las fiestas que Dios estableció bajo el antiguo pacto, considero importante abordar un poco este tema. Dentro de la Torah (la ley de Moisés o Pentateuco), incluyendo los 10 Mandamientos, hay un total de 613 mandamientos y estatutos. Todo este conjunto de leyes era obligatorio bajo el antiguo pacto. La iglesia cristiana, en sus primeros años, observaba algunas de estas festividades, como lo evidencia el libro de Hechos de los Apóstoles.

Los judaizantes eran creyentes en el Evangelio de Jesucristo que, no obstante, permanecían adheridos no solo a los mandamientos y ritos mosaicos, sino también a las tradiciones rabínicas. Todo parecía transcurrir con normalidad hasta la intervención de Pablo. El evangelio que él recibió, basado en las Sagradas Escrituras, se encontraba despojado de todo ritualismo.

Sabemos, especialmente por el pasaje de Hechos 13, que muchos gentiles estaban interesados en la religión judía y asistían a los cultos de las sinagogas en sábado. Les atraía el monoteísmo hebreo y la riqueza de las Escrituras, pero rechazaban prácticas como la circuncisión y los sacrificios cruentos. Cuando Pablo predicó un judaísmo sin estos elementos, los gentiles aceptaron el mensaje con entusiasmo, ingresando a la iglesia cristiana.

Sin embargo, los judaizantes se infiltraron en los grupos de creyentes gentiles, insistiendo en que debían circuncidarse y observar los ritos mosaicos. Esto generó una gran controversia que llevó a una reunión con los principales líderes de la iglesia, conocida como el Concilio de Jerusalén, registrado en Hechos 15.

Tras escuchar el testimonio de Pedro sobre la conversión de Cornelio y su familia, así como los logros de Pablo entre los gentiles, el concilio emitió su decisión en Hechos 15:19-20:

> "Los que de los gentiles se convierten a Dios, no deben ser perturbados, sino que se les escriba que se aparten de las contaminaciones de los ídolos, de la fornicación, del ahogado y de la

sangre".

El concilio se centró en las prácticas más comunes entre los paganos que contradecían la voluntad de Dios. No abordó los preceptos morales del decálogo, ya que estos eran entendidos y seguidos por los creyentes, excepto la fornicación, que se reiteró. El conjunto ritual mosaico quedó excluido.

Sabemos que, lamentablemente, el gentilismo llegó a predominar y, poco a poco, uno de los mandamientos, el cuarto, se vio afectado por la tradición vinculada al día del sol. El cristianismo comenzó a distanciarse de todo lo relacionado con el judaísmo, adoptando doctrinas y prácticas paganas que aún persisten.

El adventismo fue levantado por Dios para "reparar los portillos" provocados por el cristianismo influenciado por el paganismo (Isaías 58:12). Se trajo el sábado a la atención del mundo, destacando que este mandamiento forma parte de la ley que Dios mismo promulgó y escribió en tablas de piedra, y que bajo el nuevo pacto, Él prometió escribir en los corazones de los creyentes. Ahora bien, ¿incluye el nuevo pacto las fiestas hebreas? No cabe duda de que algunas de estas festividades, eliminando los sacrificios, son hermosas y significativas. Sería ideal recordar fechas como Pentecostés, la fiesta de las cabañas, el Yom Kippur, la pascua y el Purim, en lugar de celebraciones paganas como la Navidad o San Valentín, etc.. Es algo mas sano solo recordar las que Dios instituyó a otras que sob de mal origen.

El problema surge cuando algunos hermanos insisten en regresar a los rudimentos de la ley ritual mosaica. Alegan que estas fiestas son perpetuas, y es cierto. Pero también eran perpetuas la circuncisión, el nazareato y otras leyes abolidas con el nuevo pacto. La perpetuidad de las fiestas, así como del ritual mosaico, radica en que todo ello se cumplió en Cristo. La cruz marca la división entre los dos pactos: antes, bajo la sombra; ahora, en la realidad.

Es preocupante que algunos interpreten que Elena G. de White apoyó la observancia de estas fiestas. Ella se refería a los campamentos, frecuentes en su época, que asociaba con la fiesta de las cabañas. En Hechos de los Apóstoles, ella escribió sobre aquellos que aún después del concilio de Jerusalén eran:

"lentos en discernir que todas las ofrendas de los sacrificios no habían sino prefigurado la muerte del Hijo de Dios, en la cual el símbolo se había cumplido, y después de la cual los ritos y ceremonias de la dispensación mosaica no estaban más en vigor."

En el libro Consejos para los Maestros, Elena G. de White dedica todo un capítulo a nuestra responsabilidad en la celebración de las festividades. Este capítulo se titula: "Las Fiestas para Dios", y comienza planteando una reflexión:

"¿No sería bueno que nosotros dedicásemos a Dios fiestas durante las cuales podríamos hacer revivir en nuestra mente el recuerdo del trato que Él nos ha dispensado?".

Aquí, ella no hace referencia a las fiestas hebreas del antiguo pacto, sino a reuniones y campamentos donde los hermanos se congregan con un propósito espiritual: el estudio de la Palabra, la contemplación de la creación divina, la consagración cristiana y las alabanzas al Creador.

Si bien ella desaprueba las celebraciones que se caracterizan por frivolidades y diversiones que apartan del propósito cristiano, subraya que no debemos descuidar los días festivos, especialmente por el impacto positivo que tienen en los niños y jóvenes. Estos días deben ser cuidadosamente organizados, promoviendo actividades que contribuyan tanto a la educación como a la recreación cristiana y a la consagración al Señor.

OBSERVANCIA DEL SÁBADO

Es cierto que Hebreos 4 menciona el séptimo día como un tipo de lo que será un sábado eterno con Cristo en la tierra nueva, pero eso no nos exime de su observancia hoy. Al contrario, cada sábado que observamos nos permite saborear de antemano las delicias del reino venidero.

También afirman que Pablo iba a las sinagogas judías los sábados solo con la intención de ganar a los judíos para Cristo. Esto suena razonable, pero, ¿ha notado el pasaje de Hechos 13? El verso 14 dice que Pablo y sus acompañantes

"llegaron a Antioquía de Pisidia, y entrando en la sinagoga un día de sábado, se sentaron".

¡Qué bien! ¡Ah! Tenemos a Pablo predicando a los judíos aprovechando que estaban reunidos en su sinagoga en el día sábado. ¡Magnífico! Los versos 16 al 41 nos hablan del discurso de Pablo en ese sábado, un discurso muy judío. Pero quiero que vean con detenimiento el resultado de esa visita de Pablo a Antioquía. Está en los versos 42 al 44:

"Y saliendo ellos (Pablo y sus acompañantes) de la sinagoga de los judíos, los gentiles les rogaron que el sábado siguiente les hablasen estas palabras".

Noten que el ruego viene de los gentiles, es decir, los no-judíos. ¿Por qué no pidieron a Pablo que les hablara al día siguiente? Si el día siguiente era domingo, y Pablo creía (según los católicos y protestantes) que ese día había sustituido al sábado, ¿por qué Pablo no les dijo que vinieran al día siguiente y esperó toda una semana?

El verso 43 dice que muchos judíos y prosélitos creyeron y siguieron a Pablo. Imagínese a Pablo de domingo a viernes pensando en aquellos ansiosos gentiles que querían escucharle.

El verso 44 es altamente revelador:

"Y el sábado siguiente se juntó casi toda la ciudad a oír la Palabra de Dios".

¿Qué le parece? ¿Dónde se reunió tamaña congregación? ¿En la sinagoga judía? ¡Imposible! Allí cabían apenas alrededor de doscientos. La reunión fue posiblemente en la plaza o a las afueras de la ciudad. Los judíos trataron de menguar el fervor de los gentiles, pero no pudieron evitar que cientos de ellos aceptaran gozosos el evangelio de salvación, como se ve en los versos 45-52.

El capítulo 18 de Hechos nos presenta a Pablo en Corinto, donde trabajaba con Aquila y Priscila haciendo tiendas.

El verso 4 dice que Pablo

> "razonaba en la sinagoga todos los sábados, y persuadía a judíos y a griegos".

Más tarde, en el verso 11 se nos dice que él se detuvo en Corinto por año y medio, es decir, que observó allí 78 sábados. Usted puede confundir a un grupo por algunos días, pero no por año y medio. Pablo siempre guardó el sábado porque él dijo que creía:

> "todas las cosas que en la ley y los profetas están escritas".

Dígame, el hecho innegable de que Jesús haya resucitado el primer día de la semana, ¿hace ese día santo? ¿Dónde está eso en la Biblia? ¿Existe algún mandamiento en el Nuevo Testamento que indique alguna santidad en el domingo? Esos son argumentos gastados.

Los católicos, al menos, son más sinceros al decir que ellos guardan el domingo por tradición y no por la Biblia. Pero estos otros defienden lo indefendible.

El texto de Hechos 20:7 habla de una reunión de despedida de Pablo de parte de la iglesia realizada en lo que hoy llamamos "sábado de noche", ya que a la puesta de sol del sábado comienza la noche del primer día de la semana. Eso no santifica el día, máxime cuando ya hemos visto los muchos sábados que Pablo guardó, registrados en el mismo libro. El último texto, el de 1 Corintios

16:2, dice que Pablo pide que los creyentes

"aparten una ofrenda en sus casas".

DOCTRINAS BÍBLICAS

Recoger una ofrenda no santifica un día. Entonces, ¿todos los días son de reposo para los pentecostales, porque recolectan ofrendas en cada culto?

Las citas de los seguidores de los apóstoles que mencionan el domingo no son de fiar, ya que, si ni Cristo ni los apóstoles hicieron el cambio, ellos no estaban autorizados para hacerlo. Lo hicieron, más bien, por la conveniencia de estar en armonía con la costumbre pagana ya generalizada en el imperio romano. Esta práctica solo se hizo en Roma y en una que otra ciudad. Hay pruebas contundentes de que la mayoría de los cristianos de los primeros siglos siguieron apegados al sábado. Fue la rebelión de Bar Kokba del año 135 lo que hizo que algunos cristianos abandonaran el sábado. Tan tarde como el siglo XVI, el concilio católico de Trento legisló contra el sábado, porque aún había iglesias cristianas observándolo.

La doctrina adventista en contra de la inmortalidad del alma. Les pregunto, doctores, ¿de dónde vino esa doctrina? No de la Biblia, por supuesto, sino de la antigua Babilonia. De ahí pasó a Egipto y de Egipto, a través de Platón, a Grecia, Roma y al cristianismo primitivo y medieval. Fueron Tomás de Aquino, Agustín, Anselmo y otros de los llamados "padres de la iglesia" quienes, influenciados por el neoplatonismo, introdujeron esa doctrina pagana. La inmortalidad, amigo, viene con el Evangelio.

Leo 2 Timoteo 1:10: Cristo

"sacó a la luz la vida y la inmortalidad por el evangelio".

El hombre es mortal (Isaías 51:12).

1 Timoteo 6:16 dice que Dios es

"quien solo tiene inmortalidad".

Al defender la doctrina de la inmortalidad del alma, usted está siguiendo de nuevo a Roma, quien ha hecho de esa doctrina la base para enseñar las repugnantes doctrinas del purgatorio, las indulgencias, las reliquias, el culto a María y a los santos, el rosario y otras doctrinas igualmente paganas. Los justos serán inmortales cuando Cristo los saque de sus lechos de polvo. Los impíos sufrirán la "muerte segunda" luego que resuciten al fin del milenio (vea 1 Corintios 15:51-54; Apocalipsis 20:1-9 y 21:8).

En la parábola del Rico y Lázaro, Jesús les indicó a los avaros que es en la vida que podemos hacer bien con nuestras riquezas. También se usa el texto de Apocalipsis 6:9-11, es decir, las almas que claman bajo el altar. Para entender esto, tenemos que visualizar el tiempo del quinto sello. Los sellos anteriores nos presentan las persecuciones de la iglesia por Roma pagana y Roma papal. Los que fueron conducidos a la hoguera y otros suplicios fueron tratados como sediciosos y delincuentes contra el estado y la iglesia. Simbólicamente claman y se les dan ropas blancas, lo cual muestra cómo sus memorias fueron vindicadas por los reformadores.

Este pasaje de ninguna manera puede usarse para presentar la doctrina malsana y satánica de la conciencia en la muerte. ¿Cómo es posible que se enseñe que los impíos son condenados en la muerte a estar en llamas eternas y luego resucitarlos? ¿Para qué? ¿Y los justos, si ya están gozando de las delicias del cielo, para qué resucitarlos?

ENTENDIENDO EL INFIERNO

En cuanto al infierno, es importante entender que la palabra latina "infernus" se traduce de varias palabras hebreas y griegas. Su significado es "lugar inferior" o "que está debajo". Originalmente, era sinónimo de la palabra griega "Hades" y de la hebrea "Sheol". Sin embargo, en la baja Edad Media, especialmente por la influencia de "La Divina Comedia" de Dante, se le dio una connotación diferente. El infierno (Hades o Sheol) se presenta como lo opuesto al cielo.

Jesús lo menciona en Mateo 18:23:

> "Y tú, Capernaum, que eres levantada hasta el cielo, hasta los infiernos serás abatida...".

Además, las palabras sheol o hades están asociadas con la muerte (véase Job 28:22 y Apocalipsis 1:18).

El significado de estas palabras es "morada de los muertos" y, aunque no es el significado literal, es sinónimo de sepultura. Basta con intercambiar una por la otra para ver la relación.

Es cierto que los impíos serán castigados, pero esto ocurrirá después de su resurrección, al final del milenio.

Jesús lo declara en Mateo 25:41:

> "Entonces dirá también a los de la izquierda: 'Apartaos de mí, malditos,

al fuego eterno preparado para el diablo y sus ángeles'".

Como puede ver, ese castigo está en el futuro. Usted podría argumentar que la frase "fuego eterno" implica que los malos estarán ardiendo por los siglos de los siglos. Sin embargo, Judas 7 nos habla de las ciudades de Sodoma y Gomorra, que sufrieron "el juicio del fuego eterno". ¿Por cuánto tiempo ardieron estas ciudades? ¿Siguen ardiendo? El fuego es eterno por sus consecuencias. Lo mismo ocurre con la frase "olam le olam" ("para siempre"), que a menudo se malinterpreta. En Éxodo 21:1-6 encontramos la ley sobre el siervo hebreo. Después de seis años de trabajo, debía ser liberado en el séptimo año.

Éxodo 21:1-6 dice:

»Éstas son las leyes que les propondrás. Si compras un siervo hebreo, seis años servirá, pero al séptimo saldrá libre, de balde. Si entró solo, solo saldrá; si tenía mujer, su mujer saldrá con él. Si su amo le dio una mujer, y ella le dio hijos o hijas, la mujer y sus hijos serán de su amo, y él saldrá solo. Pero si el siervo dice: "Yo amo a mi señor, a mi mujer y a mis hijos; no quiero salir libre", entonces su amo lo llevará ante los jueces, lo arrimará a la puerta o al poste, y le horadará la oreja con lesna. Así será su siervo para siempre."

¿Cuánto tiempo es "para siempre"? Todo el tiempo que viviera el siervo o el amo. Este es solo un ejemplo de varios que se presentan en la Palabra de Dios.

Algunas personas, por desconocer las doctrinas adventistas, afirman que enseñamos que no habrá resurrección de los injustos.

En el libro "Primeros Escritos", la hermana White dice en el capítulo titulado "La Segunda Resurrección" pag.292:

> "Después, con terrible y pavorosa majestad, Jesús llamó a los impíos muertos, quienes resucitaron con los mismos cuerpos débiles y enfermizos con que habían bajado al sepulcro".

En el libro "Creencias de los Adventistas del Séptimo Día", se lee:

> "Al fin de los mil años 'los otros muertos' - los malvados- resucitarán...".

Como pueden ver, doctores, al menos eliminen todas estas barbaridades y rectifiquen.

Critican que la hermana White hable del diezmo, de las ofrendas y de los testamentos. Sin embargo, deberían preocuparse cuando su iglesia y todas las demás requieren el diezmo de los feligreses, aunque esa ley es estrictamente de la ley mosaica. Pero, claro, como se trata de dinero, es santo y bueno. Ningún miembro de la iglesia es excluido por no pagar el diezmo. Cada adventista lo paga alegremente, porque reconoce que es un mayordomo de los bienes que pertenecen a Dios.

No podemos negar que aprovechamos las oportunidades para presentarles a Cristo y su Palabra. Cristo sanaba a miles, y muy pocos se convertían a Él, como en el caso de los diez leprosos. Solo uno vino al Señor a agradecerle por haber sido sanado.

LA IDENTIDAD CRISTIANA DE LA IGLESIA ADVENTISTA DEL SÉPTIMO DÍA:

UNA PERSPECTIVA BÍBLICA E HISTÓRICA

L a clasificación de la Iglesia Adventista del Séptimo Día como una secta por algunos, inclusive de sectores religiosos, responde definitivamente a percepciones erróneas sobre su origen, su doctrina y su misión. Pero, esta iglesia no es un movimiento marginal ni una desviación doctrinal, sino una expresión legítima del cristianismo, fundamentada en la Escritura y en la restauración completa de la humanidad según el plan de Dios.

La Iglesia Adventista tiene una identidad cristiana clara, vinculada con el desarrollo histórico de la fe cristiana y alineada con la misión apostólica de la iglesia primitiva. La Iglesia Adventista no se sostiene sobre revelaciones privadas ni doctrinas externas a la Biblia. Su fundamento es la Escritura como autoridad suprema y la centralidad de Cristo en la salvación.

La enseñanza adventista exalta la divinidad de Cristo, su obra redentora y su intercesión celestial (Juan 1:1, Hebreos 4:14-16). Cristo es el núcleo doctrinal. No depende de tradiciones externas, sino de la revelación bíblica como norma de fe y práctica (2 Timoteo 3:16). La sola Escritura es un principio rermenéutico respetado. Cumple el mandato evangélico de llevar la verdad a todas las naciones, una característica esencial del cristianismo auténtico a partir de la orden de la Gran Comisión y la misión global. (Mateo 28:19-20).

Se predica un mensaje de restauración. La teología adventista destaca la restauración total de todas las cosas en Cristo, alineándose con la esperanza bíblica de la redención plena (Efesios 1:9-10, Apocalipsis 21:5). La Iglesia Adventista se fundamenta en los principios esenciales del evangelio. Su identidad cristiana no depende de una sucesión apostólica física, sino de su fidelidad a la enseñanza bíblica.

La Iglesia Adventista no es

un movimiento aislado, sino una expresión teológica dentro del cristianismo protestante, con raíces en el Gran Despertar y la Reforma. Su historia demuestra su legitimidad como una iglesia cristiana global en continuo movimiento. Su énfasis en la autoridad bíblica y la salvación por gracia provienen de principios restauracionistas fundamentales. Tiene sus orígenes en la Reforma y el Segundo Gran Despertar.

El impacto mundial de este movimiento con camuflaje de iglesia es para preservar sus doctrinas y creencias. Cuenta con más de 22 millones de miembros en 213 países, y sigue creciendo. El adventismo ha contribuido al desarrollo de la educación, la salud y la difusión del evangelio. Sus estudios proféticos y su énfasis en la restauración de la humanidad han enriquecido la interpretación escatológica dentro del cristianismo son valiosos aportes doctrinales y teológicos. La Iglesia Adventista es un desarrollo legítimo dentro del cristianismo, con una identidad teológica propia y una misión alineada con la enseñanza de la Biblia.

¿SUCESIÓN APOSTÓLICA O SUCESIÓN TEOLÓGICA?

Algunos cuestionan la ausencia de una sucesión apostólica en el adventismo, pero la Biblia revela que la verdadera iglesia no se define por genealogías humanas, sino por la fidelidad doctrinal.

Gálatas 1:8:

"Mas si aun nosotros, o un ángel del

cielo, os anunciare otro evangelio diferente del que os hemos anunciado, sea anatema."

La enseñanza apostólica debe ser preservada por la transmisión fiel de la doctrina, no por un linaje humano. Resaltamos la importancia de la sucesión por la verdad bíblica.

La Biblia muestra que Dios llama a su pueblo basado en la fe y la obediencia, no por descendencia física (1 Pedro 2:9). El pueblo de Dios se define por su relación con Él. El fundamento de la iglesia es Cristo. La verdadera autoridad de la iglesia no está en una sucesión terrenal, sino en el señorío de Cristo (Mateo 16:18). La Iglesia Adventista tiene una sucesión doctrinal basada en la fidelidad a la enseñanza bíblica, lo que la valida como una iglesia cristiana legítima.

La Iglesia Adventista del Séptimo Día no es una secta, sino una denominación cristiana con raíces profundas en la Escritura y una misión alineada con la obra de Cristo. Su identidad cristiana no depende de una sucesión apostólica física, sino de su fidelidad a la verdad revelada.

Su impacto mundial, su mensaje de restauración integral y su compromiso con la proclamación del evangelio demuestran que es parte del cuerpo de Cristo en la historia. No es una ruptura del cristianismo, sino una expresión legítima de la fe bíblica que busca la restauración completa de todas las cosas en Cristo.

OBRA ADVENTISTA GLOBAL

Hemos logrado penetrar en numerosos países a través de nuestra obra médica y educacional. Hemos asistido a millones en situaciones de desastre mediante ADRA. La Cruz Roja y la Defensa Civil han reconocido y condecorado a los adventistas por su desinteresada ayuda en emergencias. Si usted considera que esto es negativo, eso queda en su conciencia.

Algunos afirman que la Iglesia

Adventista no es evangélica por creer en "la White" y por declarar que las iglesias protestantes son las hijas de la prostituta de Apocalipsis. Si esto no es así, entonces, ¿a quién representa la prostituta de Apocalipsis y sus hijas? Las iglesias reformadas han continuado bebiendo de su vino (las falsas doctrinas). Los errores capitales de Roma, el domingo y la inmortalidad del alma, siguen siendo pilares en las iglesias reformadas. Y aún más, se han convertido en sus más fervientes defensores.

Roma nunca ha aceptado la libertad de conciencia, solo la proclama cuando está en minoría en países protestantes e islámicos. Hoy, las principales denominaciones protestantes, negando el pasado heroico de los reformadores y los millones de vidas torturadas y asesinadas por el catolicismo medieval, buscan favores con él. Pero esto está profetizado y así se cumplirá. Ellos están colaborando con esto.

Es verdad, los adventistas somos muy evangélicos. Creemos firmemente en el nacimiento virginal de Cristo, en su vida sin pecado, en su sacrificio expiatorio, en su justicia, en su ministerio sacerdotal, en su segunda venida, y en la Santa Biblia - en toda ella - como la Palabra de Dios. Creemos que Cristo es preexistente. Creemos en la resurrección de los muertos, tanto de justos como de impíos, en el juicio final y en el gozo eterno de los redimidos en la tierra renovada.

Sí, tenemos algunas doctrinas peculiares, como todas las sectas y denominaciones. ¿No creen la mayoría de los protestantes en las llamadas lenguas, que no son más que una jerigonza incomprensible para engañar a los incautos? ¿No asustan a la gente con el infierno de fuego? ¿Son bíblicos sus cultos ruidosos al extremo de que no se entienden y carnales? Como estas, hay un sinfín de creencias y prácticas que siguen muchas de las miles de sectas y denominaciones cristianas. Y el catolicismo romano, ¿es o no una secta? Seguramente ellos lo defenderán y dirán que no lo son, a pesar de todos sus engaños, falsas doctrinas y su sangrienta historia de persecuciones a los hijos de Dios.

Dicen que los adventistas usan el método de lavado de cerebro con la excusa de que el fin del mundo está cerca y que "en algunos casos llegan hasta el punto de almacenar alimentos para tan crítica época."

Si hubieran leído el libro "Primeros Escritos", se habrían dado cuenta de la falsedad de esa cita. En la página 56, la señora White escribe:

"El Señor me ha mostrado repetidas

veces que sería contrario a la Biblia hacer cualquier provisión para nuestras necesidades temporales durante el tiempo de angustia. Vi que si los santos guardaran alimentos almacenados o en el campo en el tiempo de angustia, cuando hubiese en la tierra guerra, hambre y pestilencia, manos violentas se los arrebatarían y extraños segarían sus campos. Será entonces tiempo de confiar por completo en Dios, y Él nos sostendrá."

De nuevo, elimine esa cita de su mente.

El adventista promedio conoce a plenitud la Biblia y no es fácil de convencer. Yo, como Pablo, sé bien en quién he creído.

AMONESTACIÓN DIVINA

Como una amonestación, les dejo con las palabras del Señor a su pueblo:

Isaías 54:15-17:

"15 Si alguno conspira contra ti, lo hará sin mi apoyo. El que contra ti conspire, delante de ti caerá. 16 Yo hice al herrero que sopla las ascuas en el fuego y saca la herramienta para su obra; y también yo he creado al destructor para que destruya. 17 Ninguna arma forjada contra ti prosperará, y tú condenarás toda lengua que se levante contra ti en el juicio. Ésta es la herencia de los siervos de Jehová: su salvación de mí vendrá», dice Jehová."

Ahora, camina derechito y actúa sabiamente porque Dios te está llamando a aceptarle. No importa cuantos años lleves de una vida religiosa. Dios te está llamando a que le entregues tu mente para llenarla con su sabiduría. Hoy, esa operación en el cerebro solo Él puede hacerla. No esperes más a su invitación de amor. Dios llama ahora mismo al anciano, al joven, al niño.

¿Necesitas la sabiduría de Dios para decidir por las verdades de Dios? Necesitas la lluvia del Espíritu de Dios y caminar en rectitud en la vida que nos ha regalado el Señor Dios Todopoderoso. Arrepiéntete pecador y confiesa tus pecados al que murió por todos nosotros. Y, por último; amémonos unos a otros. Que el fruto del Espíritu fluya en nosotros.

VERDAD

Que el sábado no es una imposición, sino un descanso que dignifica.

Que el juicio no es condena, sino vindicación para los que han sido silenciados.

Que el santuario no es un misterio, sino una promesa de intercesión constante.

Que el remanente no es élite, sino testimonio humilde en medio del caos.

Que la profecía no es miedo, sino esperanza estructurada.

LO QUE TE
DIJERON

LO QUE SÍ CREEMOS

LO QUE TE DIJERON	LO QUE SÍ CREEMOS
Adventistas no creen en el infierno.	Sí creemos en el castigo final, pero no en la tortura eterna.
Elena White es más importante que la Biblia.	Su voz confirma, no reemplaza, la Escritura.
Son legalistas.	La ley es carácter de Dios, no cadena humana.
Son una secta.	Somos cristianos que esperan, sirven y aman.
La profecía es miedo.	Es esperanza estructurada, no espectáculo.

LO QUE SI CREEMOS

TEXTOS BIBLICOS CITADOS

Doctrina del Santuario y el Juicio Investigador

- Levítico 16
- Hebreos 4; 8–10; 9:23–24
- Daniel 7:13; 8:14, 26–27; 9:20–25; 12:1
- Apocalipsis 11:1, 18–19; 14:7
- Esdras 7:12–26
- Zacarías (referencias implícitas al sumo sacerdote y juicio)

El Sábado y la Ley Moral

- Génesis 2:2–3
- Éxodo 20:8–11; 31:16–17
- Levítico 23:23–32
- Mateo 5:18
- Hechos 13; 18; 20:7
- Colosenses 2:16–23 (en contexto apologético)
- Romanos 2:13; 3:31

- 1 Corintios 7:19
- Apocalipsis 14:12

Escatología y Segunda Venida

- Mateo 24:15; 25:41
- Daniel 12:1
- Apocalipsis 6:9–11; 7; 13; 14; 17; 18; 20:1–9; 21:8, 19
- 2 Pedro 3:3–12
- 1 Tesalonicenses 4:13–18 (referencia implícita)
- Judas 7

Apologética y Discernimiento

- Colosenses 2:8
- 1 Juan 3:4
- 2 Pedro 1:5–7
- Juan 16:13–15
- Gálatas 1:8
- 1 Timoteo 4:1–5
- 2 Timoteo 1:10
- Santiago 1:17
- Isaías 58:12
- Job 28:22

Redención, Gracia y Restauración

- Juan 1:1
- Romanos 3:31
- 1 Corintios 1:25–29; 15:51–54

- Efesios 1:9–10
- Hebreos 9:23–24
- Apocalipsis 3:5
- Isaías 51:12; 54:15–17
- 1 Pedro 2:9
- 2 Corintios (referencias implícitas a la nueva creación)

Identidad del Pueblo Remanente

- Apocalipsis 12:17; 14:12
- 1 Pedro 2:9
- Isaías 58:12
- Daniel 8:14
- Éxodo 20:8–11
- Romanos 2:13
- Colosenses 2:16–23 (en contexto de defensa)

Textos usados como ilustración o parábola

- Mateo 18:23
- Marcos 7:18–19
- Hechos 24:14
- 1 Corintios 10:25–26
- Apocalipsis 10:11
- Apocalipsis 1:12–13
- Apocalipsis 21:19

BIBLIOGRAFIA

Asociación General de los Adventistas del Séptimo Día. (2015). Creencias de los Adventistas del Séptimo Día (19ª ed.). Review and Herald Publishing Association.

White, E. G. (1888). El conflicto de los siglos. Publicaciones Interamericanas Adventistas.

White, E. G. (1890). El Deseado de todas las gentes. Pacific Press Publishing Association.

White, E. G. (1903). La educación. Pacific Press Publishing Association.

White, E. G. (1905). El ministerio de curación. Pacific Press Publishing Association.

White, E. G. (1892). Palabras de vida del gran Maestro. Pacific Press Publishing Association.

White, E. G. (1938). El sermón del monte. Asociación Casa Editora Sudamericana.

White, E. G. (1948). Testimonios para los ministros.

Review and Herald Publishing Association.

White, E. G. (1952). Mensajes para los jóvenes. Review and Herald Publishing Association.

White, E. G. (1948). Obreros evangélicos. Review and Herald Publishing Association.

White, E. G. (1954). Conducción del niño. Review and Herald Publishing Association.

White, E. G. (1923). El ministerio de la bondad. Review and Herald Publishing Association.

White, E. G. (1940). Primeros escritos. Review and Herald Publishing Association.

White, E. G. (1911). Hechos de los apóstoles. Review and Herald Publishing Association.

White, E. G. (1913). Consejos para los maestros. Review and Herald Publishing Association.

Froom, L. E. (1946). El desarrollo de la doctrina adventista. Pacific Press Publishing Association.

Smith, U. (1877). Daniel y Apocalipsis. Review and Herald Publishing Association.

Rodríguez, A. M. (2009). Teología y escatología adventista. Asociación Casa Editora Sudamericana.

Knight, G. R. (1993). Origen y desarrollo del adventismo. Andrews University Press.

González, J. L. (2012). Historia del cristianismo: Desde los orígenes hasta la Reforma. Editorial CLIE.

Berkhof, L. (1937). Teología sistemática. Eerdmans Publishing.

McGrath, A. E. (1998). Cristianismo: Introducción histórica y doctrinal. Blackwell Publishing.

Doukhan, J. B. (2002). Secrets of Revelation: The Apocalypse Through Hebrew Eyes. Review and Herald Publishing Association.

Canale, F. (2005). La estructura del pensamiento adventista. Andrews University Seminary Studies.

Gulley, N. (2011). Systematic Theology: Prolegomena. Andrews University Press.

Stott, J. (2008). Cristianismo básico. Editorial Mundo Hispano.

Geisler, N. L. (2002). Manual de apologética cristiana. Editorial Vida.

Carson, D. A. (2010). El Dios que está presente. Editorial Andamio.

Agencia Adventista de Desarrollo y Recursos Asistenciales (ADRA). (s.f.). Sitio web oficial. https://adra.org

Cruz Roja. (s.f.). Sitio web oficial. https://

www.cruzroja.org

Defensa Civil. (s.f.). Sitio web oficial. https://
www.defensacivil.gov

Dante Alighieri. (2005). La Divina Comedia (E. Cros,
Trad.). Editorial Edaf. (Obra original publicada en
1320).

La Biblia. (1960). Reina-Valera 1960. Sociedades
Bíblicas Unidas.

EPÍLOGO

La verdad no se impone: se revela, se vive, se defiende con mansedumbre. Al cerrar estas páginas, el lector no solo ha recorrido argumentos doctrinales, sino también ha sido testigo de una fe que se atreve a dialogar sin perder su esencia. Verdad Adventista no es un escudo contra el mundo, sino un puente hacia él—un llamado a vivir la esperanza con integridad, a abrazar la Escritura con humildad, y a responder al desacuerdo con gracia.

Este epílogo no marca un final, sino una invitación: a seguir estudiando, a seguir amando, a seguir restaurando. Que cada lector, sea creyente firme o buscador sincero, encuentre aquí no solo respuestas, sino también el valor de hacer preguntas con reverencia y propósito.

POSFACIO

Esta obra nace del cruce entre la erudición y la compasión. José Ramón Del Valle Rodríguez ha tejido con precisión teológica y sensibilidad pastoral una defensa que no excluye, sino que dignifica. Su voz no es la de quien impone, sino la de quien acompaña; no la de doctrinas rígidas, sino la del testimonio que transforma y derriba muros.

El posfacio reconoce que detrás de cada argumento hay horas de oración, detrás de cada cita bíblica hay una comunidad que espera ser vista, y detrás de cada página hay un corazón que ha aprendido a convertir el rechazo en restauración. Este libro no solo responde, también abraza. No solo enseña, también sana.

ACERCA DEL AUTOR

José Ramón Del Valle Rodríguez (D. Min.)

El autor es teológo y colabora en medios de comunicación cristianos. Ha escrito extensamente sobre temas teológicos desmintiendo conseptos erróneos sobre el adventismo derribando muros por prejuicios. Busca inspirar y guiar a otros en su camino espiritual ofreciendo claridad de conocimiento.

LIBROS DE ESTE AUTOR

Adventistas Sobresalientes: Tomo 1

Este libro, es una obra de investigación que busca identificar personas Adventistas que, guiados por Dios, alcanzaron posiciones importantes.

Sermones: Teología + Biblia = Vida

Contiene temas Variados: Arqueología Bíblica, Doctrinales y/o Creencias, Salud, Profecía, etc..

Terapia Para Tratamiento De Adicción

La teoterapia como modelo de intervención para el tratamiento contra la adicción a las sustancias Psicoactivas - SPA

Teología Del Conocimiento: Según Antiguos Textos

Estudio del Vínculo entre el Pecado y el Proceso Epistemológico en Genesis, Éxodo y Números: Una

Teología Bíblica del Conocimiento Basada en Textos Antiguos

Adoración En La Música Adventista: Instrumentos

La Iglesia Adventista Del Séptimo Día promueve la música sacra y el uso de instrumentos que enriquezcan la adoración, mas hay diferentes opiniones sobre cuales son apropiados.

Verdad Adventista: Una Apología Teológica

Este libro defiende las doctrinas adventistas, refuta críticas comunes y aclara malentendidos. Destaca la importancia de la observancia del sábado y la inmortalidad del alma, y resalta la labor humanitaria de la iglesia. Se hace un llamado a aceptar a Dios y vivir en rectitud.

Teología De La Restauración Integral

Un enfoque teológico en diálogo con la comunidad adventista que aborda la sanación divina de todas las relaciones afectadas por el pecado.

Ministerio Personal Mision

Visión renovadora del Ministerio Personal como una misión evangelística que sana, transforma y abraza vidas desde la gracia. Con enfoque teológico y recursos prácticos, propone un ministerio activo, sensible y profundamente restaurador.

Yo Soy Importante Para Dios

Una invitación breve y profunda: Descubre cuánto vales para Dios y por qué tu vida tiene propósito eterno.

ANOTACIONES

_____
_____
_____
_____
_____
_____
_____
_____

www.ingramcontent.com/pod-product-compliance
Lightning Source LLC
Chambersburg PA
CBHW060516030426
42337CB00015B/1908